MONSIEUR LE PASTEUR

HENRI JEANMAIRE

1810 - 1886

MONTBÉLIARD

IMPRIMERIE ET LITHOGRAPHIE VICTOR BARBIER

1886

M. le Pasteur Henri JEANMAIRE

M. le pasteur Henri Jeanmaire a été soudainement rappelé à Dieu le jeudi 5 août, à l'âge de 76 ans.

Quoique par deux fois déjà, il y a quelques années, la maladie eût atteint M. Jeanmaire, personne néanmoins ne pouvait prévoir une fin aussi rapide. Sa vigoureuse vieillesse, son esprit toujours prompt et actif, son cœur enthousiaste et vaillant dont l'épreuve n'avait pas diminué l'ardeur, semblaient défier les menaces de la mort et promettre à tous ceux qui l'aimaient de le conserver pendant de longues années. Dieu, dans sa sagesse insondable, en avait décidé autrement, et maintenant nous n'avons plus qu'à Le louer et à Le bénir pour tout le bien qu'il a daigné faire au milieu de nous par le moyen de son fidèle serviteur.

Ce n'est pas encore maintenant que nous pouvons mesurer l'étendue de notre perte. Quand, aux heures difficiles, nous n'aurons plus auprès de nous notre vénéré frère pour recevoir les leçons de son expérience et les conseils de sa remarquable intelligence, nous saurons seulement quelle grande place il occupait parmi nous. Ce qu'il a été comme membre de nos corps ecclésiastiques et en particulier à la présidence du consistoire, ce qu'il a été comme éducateur et ami dévoué de l'enfance, et surtout ce qu'il a été comme pasteur pendant les quarante-sept années de son ministère à l'église Saint-Martin, plusieurs orateurs l'ont dit d'une voix émue à ses funérailles. Et tous ceux qui étaient là le savaient comme eux, depuis les pasteurs qui, par leur présence en grand nombre, rendaient un solennel hommage à un collègue aimé et respecté, jusqu'aux plus humbles membres de l'unique paroisse qu'il ait administrée pendant sa longue carrière pastorale, — de cette paroisse à laquelle il a donné toute sa vie et le meilleur de son cœur.

Le service funèbre a été célébré dans le temple Saint-Martin le samedi 7 août au milieu d'un immense concours de fidèles. Il a été particulièrement solennel et touchant, et chacun des assistants en a emporté une impression sérieuse qui ne sera pas perdue. Quarante pasteurs étaient présents : MM. Fallot, inspecteur ecclésiastique, Ch. Perdrizet, pasteur de Saint-Martin, Paira, président du consistoire, Viénot, Jules Jeanmaire, Bach, Beurlin, Chenot, Cuvier, Dieterlen, Donzé, Dormoy, Ebersolt, Fallot (de Roches), Girardez, Jaulmes, Jordan, Lang, Lepoids, Maire, Marchand, Mégnin (d'Allanjoie), Mégnin (d'Abbévillers), Paul Mégnin (d'Allondans),

Aug. Mettetal (de Paris), Gust. Mettetal, Jules Mettetal, Mettey, Meyer, Pameyer, F. Perdrizet, Pfister, Eugène Picard, Poivez, Poincenot, Rebillard, Reyss, Richardot, Schaffner et Weber.

Nous avons remarqué dans l'assemblée M. Clesse, sous-préfet de Montbéliard; M. le maire Beurnier; M. Brunet, président du tribunal; M. Charles Fallot, conseiller général; M. le Commandant de place; M. Paul Perdrizet, principal du collège; MM. Clément Duvernoy, président de la Commission synodale, Ch. Lecomte, Louis Beurnier, Charles Goguel, Breuleux, Frédéric Rossel, Pétermann, membres du Conseil presbytéral; M. l'inspecteur Bonamy; MM. Morel, Ebersolt, Camus, Alphonse Duvernoy, membres du Conseil municipal : plusieurs professeurs du collège; MM. Charles Lalance, Léon Sahler, Bouthenot-Peugeot, Alphonse Bernard, Ch. Surleau, Julien Leconte, Dr Tuefferd, Benjamin Favre, Prêtre, directeur de l'Ecole normale, Mettey, directeur des écoles communales.

M. le pasteur John Viénot, qui fut pendant trois ans le suffragant et le collaborateur de M. Jeanmaire, a eu la douloureuse mission de présider le service funèbre de celui qui fut pour lui plus qu'un ami bienveillant et un conseiller éclairé. Après lui, M. l'inspecteur Fallot a retracé la carrière pastorale de notre frère. Il nous a montré en M. Jeanmaire l'homme du devoir, l'homme laborieux, appliquant toute son activité et donnant ses forces intellectuelles et matérielles à plusieurs œuvres auxquelles il se sentait appelé par Dieu. L'Ecole normale des jeunes gens, l'Ecole du dimanche et l'Ecole normale des jeunes filles ont un grand de·voir de reconnaissance à remplir envers lui.

Quelques instants après, sur la tombe où doivent reposer les restes périssables de notre frère, les petites filles de l'Ecole normale, répondant à un désir qu'il avait exprimé plusieurs fois, ont chanté son cantique préféré. Puis MM. Clément Duvernoy et Paira ont parlé, le premier au nom du Conseil presbybéral de Saint-Martin, le second au nom du Consistoire.

M. Jules Jeanmaire, pasteur au Magny-Danigon, a adressé, au nom de la famille affligée, un émouvant adieu au vénérable aïeul qui toujours eut une part si large et si méritée dans l'affection des siens. Enfin M. le pasteur Perdrizet, collègue de M. Jeanmaire à Saint-Martin pendant trente ans, a prononcé d'une voix profondément altérée quelques paroles qui ont remué tous les cœurs. Au revoir là haut! a-t-il dit à son ami d'enfance et au compagnon de toute sa vie.

« Au revoir là-haut! » C'est ce cri qui consolera notre église affligée : à cette heure où elle déplore la perte de l'un de ses chefs, du vaillant pasteur qui fut à sa tête pendant un demi-siècle, ce cri lui rappellera que si elle marche ici-bas d'épreuve en épreuve et de deuil en deuil, elle s'avance cependant vers le triomphe et vers l'heureux jour où elle sera réunie à la glorieuse phalange des serviteurs de Jésus-Christ et des témoins de la vérité. — « Au revoir là-haut! » c'est aussi le cri qui consolera ceux que Dieu a frappés dans une de leurs plus chères affections. Il leur dira qu'il n'y a pas de séparation éternelle et de mort irréparable pour les enfants du Père qui est amour. Sur eux et sur ces chers petits-enfants en qui notre regretté frère se sentait revivre avec tant de joie, nous appelons les plus riches bénédictions de Celui qu'il a toujours servi avec zèle et avec foi. Et sur nous aussi, ministres de l'Eglise et fidèles, nous invoquons la toute-puissante grâce d'en haut. Emus et recueillis devant cette tombe qui vient de se fermer, nous avons promis à Dieu d'être désormais plus actifs, plus dévoués et plus irrépréhensibles dans l'œuvre qu'il nous a confiée. Puissions-nous être tous ces heureux serviteurs que le Maître trouvera veillants quand il arrivera !

G. J.

Discours de M. le Pasteur John VIÉNOT.

« Heureux ces serviteurs que le Maitre
trouvera veillants quand il arrivera. »   Luc, XII, 37.

J'éprouve, mes Frères, une émotion profonde et que
vous comprendrez tous à monter en ce moment dans
cette chaire que m'ouvrait il y a trois ans la confiance
de celui auquel je dois aujourd'hui rendre les derniers
devoirs. J'essaierai pourtant d'apaiser cette émotion
légitime, j'essaierai d'écarter un instant la foule des
souvenirs qui m'assaillent, j'essaierai d'oublier que de
cette chaire où je parle, je vois vide de lui la place
accoutumée où j'aimais à sentir une bienveillance
éclairée qui me soutenait. Oui, il faut oublier tout cela
et les relations sans nuage, et les longs entretiens sur
un passé plein d'enseignements, et les directions déli-
catement données, et ces habitudes enfin qui lorsqu'elles
se rompent, semblent emporter déjà dans la tombe une
partie de nous-mêmes. Tout cela n'est plus. La mort est
venue, rapide, foudroyante. A l'Eglise, elle a pris son
vieux pasteur, à sa famille l'aïeul vénérable qui rendait
en soins touchants ce qu'il recevait d'égards, à nous
tous enfin un ami, un conseiller... Eh bien, mes frères,
ce sont ces voix du cœur, ces souvenirs attendrissants
qu'il faut faire taire et refouler pour jeter un défi à la
douleur et à la mort et pour nous écrier, en passant sur

notre propre tristesse : Heureux pourtant, heureux ceux qui sont partis comme notre vénéré frère « heureux ces serviteurs que le Maître trouvera veillants quand il arrivera. »

Heureux ! ce mot qui me sert à désigner le départ si prompt mais si exempt de douleurs et d'angoisses de notre vénéré frère, ce mot peut résumer aussi la vie de M. le pasteur Henri Jeanmaire.

Sans doute il a connu l'épreuve, mais ce fut à une époque où l'âge et la maturité de la foi pouvaient l'en faire triompher. Jusqu'alors il avait joui de ce bonheur paisible, mais constant, qu'assure l'estime des hommes, l'assiduité au travail et la fidélité au devoir.

Né à Bavans, en décembre 1810, M. Jeanmaire y a passé son enfance. C'est dans le presbytère du village qu'il a ressenti pour la première fois l'ineffaçable impression que fait sur toute âme sensible la splendide nature de Dieu. C'est de là qu'il faut faire dater le vif amour qu'il a toujours conservé pour ce pays qu'il connaissait à fond, pour nos campagnes qu'il avait tant de fois parcourues. Il avait huit ans lorsqu'il perdit son père ; il fut alors confié à des membres de sa famille qui habitaient notre ville : il y resta deux ans avant de rejoindre en Allemagne sa mère rentrée dans sa famille et un frère aîné qui l'a précédé dans la tombe et dont je ne puis sans émotion rappeler ici le souvenir vivant et béni (1).

Ce séjour en Allemagne exerça une très grande influence sur le jeune écolier. Il acquit soit à Biberach où sa mère avait retrouvé un foyer, soit à Stuttgard où

(1) M. Louis Jeanmaire, pasteur au Magny-Danigon (Haute-Saône).

il fit ses études classiques, des connaissances précises,
variées, étendues. Formé par les méthodes pédagogiques
d'un peuple qui semble fait pour l'enseignement, il sut
de bonne heure mettre à profit tout ce que d'heureuses
aptitudes et d'heureuses circonstances lui avaient permis d'acquérir.

Ses études classiques terminées, il entra à la Faculté
de Strasbourg où il devait retrouver d'anciens amis,
dont l'un aurait pu aujourd'hui occuper ma place, s'il
avait été sûr de pouvoir commander à son cœur. C'est
avec ces amis, avec les pasteurs Othon Cuvier et Perdrizet, que, brûlant d'appliquer les nouvelles méthodes
d'éducation, il entra, à Strasbourg même, dans la pen-
sion créée par M. Goguel, où il professa pendant trois
ans. Désirant alors élargir encore le cercle de ses connaissances et de ses idées, il fit un séjour de quelques
mois à Paris, où l'attendait le bienveillant accueil d'un
homme que Montbéliard et Paris ont également appré-
cié, M. le pasteur Rodolphe Cuvier. C'est là, au milieu
des occupations studieuses qu'il n'a jamais perdues, que
le trouva l'appel de M. l'inspecteur Duvernoy, qui, dès
1834, avait formé le projet de fonder à Montbéliard une
école normale protestante. En 1837, M. Henri Jean-
maie fut appelé à l'organiser. Ouverte dès l'automne de
cette même année, l'Ecole ne fut inaugurée par un service religieux ici même que le 2 janvier 1838.

Le succès de l'Ecole égala le dévouement du directeur, qui, pour la rendre possible, avait consenti à rester pendant quelques mois sans traitement. M. Jeanmaire put y faire preuve des plus indiscutables qualités
de pédagogue et d'éducateur. Il en garda la direction
jusqu'en 1850. Mais, dès 1839, il avait été appelé par le

Consistoire de Montbéliard à la place de pasteur de l'église Saint-Martin.

Ce qu'il a été, mes frères, sous cette forme nouvelle de son activité, vous le savez tous mieux que moi. Son ardeur au travail, sa fidélité au devoir, ses soins tout particuliers pour l'Ecole du Dimanche, vous connaissez tout cela. Ce que je puis dire seulement, c'est que, pendant ce long ministère de 47 années, il se montra toujours de la race des vaillants et des forts. Il fut un vaillant en face du travail, un vaillant plus tard en face de la douleur et du déchirement. Il fut un vaillant aussi lorsque les malheurs de la patrie vinrent lui donner la douloureuse occasion de montrer tout ce qu'il y avait en lui de décision, de courage, de dévouement constant, quoique sobre et sans phrases. Ceux qui l'ont vu alors dans cette année terrible, mettant au service de tous et sa connaissance complète de la langue allemande et sa ténacité à réclamer le droit et sa forte volonté à faire triompher la justice ; ceux qui l'ont vu courant sans hésiter aux missions périlleuses, accompagnant les faibles sous le feu des ennemis, ne l'ont pas oublié sans doute. A eux de raconter ces choses. D'autres aussi, plus autorisés que moi, diront ce qu'a été le pasteur, l'administrateur, le président du Consistoire... Pour moi, c'est *l'homme* que j'ai le mieux connu, c'est l'homme que j'ai surtout aimé. Eh bien ! et il m'est doux de pouvoir le dire aujourd'hui bien haut à ceux qui ne l'ont pas connu de très près, l'homme avait l'esprit rapide, le cœur chaud, l'amitié sûre et fidèle. Jamais, pour ma part, je ne séparerai dans ma reconnaissance et cette église dont l'accueil dès l'abord a été si indulgent à ma faiblesse, et ce frère vénéré, qui

a été le principal artisan de cette précieuse bienveillance. Pendant ces trois années de travail commun, au
milieu des difficultés et des divergences, jamais, jamais
rien ne s'est élevé entre nous. J'ai senti toujours s'é-
tendre jusqu'à moi-même une partie des sentiments
profonds qu'il avait voués aux siens, il m'a toujours
entouré de cette bienveillance qu'ont souvent les
vieillards.

Ah! quelle belle et grande chose, mes frères, que la
vieillesse quand la décrépitude du cœur n'accompagne
pas la décrépitude du corps! Quelle belle chose que la
vieillesse d'une âme noble, élevée au-dessus des craintes
qui viennent du sentiment que l'on a que les jours
déclinent et s'en vont! Quelle belle et bonne chose,
qui donne aux générations qui suivent à la fois une
promesse et un enseignement! Les passions se sont
apaisées, les angles se sont effacés, la foi s'est établie.
Vaines glorioles, ambition, tout s'est dispersé au vent
des années. Il ne reste plus que les plus nobles jouis-
sances, celles du sacrifice et du dévouement. On ne vit
plus pour soi-même; on vit pour les autres, pour ses
amis à qui on veut procurer encore une joie; pour ses
fils, pour ses petits-enfants. Alors on voit tout sous son
vrai jour, sans illusion comme sans colère, c'est l'âge de
la justice rendue à tous, de l'indulgence et du pardon....
Ces sentiments élevés de la vieillesse, mes frères, M.
Henri Jeanmaire les a montrés à ceux qui se sont
approchés de lui en ces dernières années. Il ne vivait
plus pour lui-même. Et c'est cela qui lui donnait sa
sérénité, car il n'était pas triste. Sans doute il avait
senti le vent du soir lui souffler au visage et lui annon-
cer la grande nuit qui précède le grand réveil, mais
il se tenait prêt, à la disposition de Dieu.

Cela ne veut pas dire, mes frères, qu'il désirât la mort et que la vie lui parût désormais pesante. Non certes, il était soumis, résigné à la volonté de Dieu, mais il n'était pas impatient. Il aimait la vie, cette vie qui était encore pleine pour lui de tant d'objets d'affection. En effet, comme on l'a remarqué, « il faut peut-être avoir déjà goûté de la vie du ciel pour la préférer sans hésitations et sans réserves à une vie d'activité intellectuelle et religieuse, remplie de bonnes œuvres, de grandes pensées et de douces affections. »

C'était bien là, en effet, la vie que M. Henri Jeanmaire s'était faite. Même en ces dernières années, son activité intellectuelle ne s'était pas ralentie. Il lisait, et beaucoup. Sur le soir de sa journée terrestre, il n'avait pas perdu les affections, les soucis, les préoccupations de la chaude matinée. Que dis-je ? il était plus persuadé que jamais qu'il avait suivi la bonne voie en consacrant une partie de son activité à l'éducation de la jeunesse : il ne pouvait pas parler sans attendrissement de la dernière œuvre à laquelle il ait pris une part active, l'Ecole normale des jeunes filles. C'était le complément nécessaire de sa première fondation. Et, s'il a cédé de bonne grâce à une œuvre lointaine une dévouée collaboratrice, c'est que, dans ce départ, il savait voir avec une haute raison le prolongement à travers les océans des traditions de la pédagogie chrétienne qu'il avait introduite parmi nous. Ce sont ces soucis, ce sont ces nobles préoccupations qui le rattachaient à la vie. Il l'aimait aussi, hélas ! cette vie, à cause de toutes les douces affections dont elle était remplie. Son cœur était plein de reconnaissance envers Dieu qui lui avait permis de revoir tous ceux sur lesquels s'était particu-

lièrement concentrée sa puissance d'aimer. Le sourire
de ses petits-enfants a illuminé ses derniers jours et il
n'a pas senti un instant se lasser le dévouement filial
dont nous avons été si souvent le témoin respectueux
et ému. Comment, avec de tels biens, renoncer facile-
ment à la vie ? Ah ! certes, ce renoncement n'est pas
aisé, ce consentement à la mort n'est pas facile, pourtant notre frère l'a donné. Il n'écartait pas les entretiens qui parlaient de délogement. Il attendait l'heure,
ferme dans sa foi.

Mes frères, après avoir contemplé cette vie si pleine,
si une, sans évolution, sans rupture, cette vie de la
pensée, du cœur, de la foi, qui se continue entière jusqu'au dernier jour, n'ai-je pas le droit de reprendre en
terminant la parole de mon texte : « Heureux ces serviteurs que le Maître trouvera veillants quand il
viendra ! »

Et maintenant, mes frères, laissons-nous aller un
instant encore aux réflexions austères que fait naître
en nous le départ de notre vénéré frère. Une fois de
plus nous avons été mis en face de l'absolue fragilité
de tout ce qui est humain. Regardez en effet cette
masse de vie humaine répandue dans le monde, cette
floraison d'existences, cette suite ininterrompue de générations, toute cette exubérance de force et de vitalité.
Eh bien ! voici la loi fatale, tout cela passe, tout
cela court à la mort. La mort, voilà le dernier mot
de nos joies et de nos tristesses, de toutes les comédies
et de toutes les tragédies humaines. « Le monde
passe avec sa convoitise... » oui, mais, grâce à Dieu,
il y a en nous quelque chose qui demeure, quelque
chose qui ne passe pas, c'est le souffle que Dieu y

a mis au commencement, c'est la vie de l'Esprit, c'est l'âme. Le chrétien ne passe pas. Son corps passe, il retourne à la terre d'où il a été tiré, mais ce corps n'était qu'une tente fragile, une maison terrestre destinée à périr. Pour le chrétien tout ne finit pas sous six pieds de terre, non; tout y commence au contraire, tout y germe, tout y éclôt, tout en jaillit. Pour le chrétien la mort n'est pas la mort qui ne tue en nous que la puissance du péché, la mort n'est pas la mort qui nous délivre des angoisses, des souffrances, du doute, la mort n'est pas la mort car, nous le savons, Jésus-Christ a vaincu la mort.

Un grand écrivain après une vie tourmentée s'écriait : « Je ne connais qu'une croyance et qu'un refuge : la foi en Dieu et en notre immortalité. » C'est cette croyance qui vous consolera, mes frères, qui êtes aujourd'hui plus particulièrement affligés ; c'est dans ce refuge que vous trouverez la paix. Affligés en ce moment, étonnés encore sous le coup qui vous frappe, plus que jamais fermez votre âme au doute, car le doute n'a que deux compagnons possibles, la légèreté d'esprit ou le désespoir. Plus que jamais, au contraire, laissez-vous aller aux triomphantes espérances qui ont le Christ pour garant et la croix pour symbole. Ne désespérez pas, vivez dans la vérité, dans l'amour et dans la justice en attendant ce jour qui viendra, jour béni et radieux où nous serons amenés par le Christ au pied du Trône du Père. Nous n'aurons plus alors à trembler pour nos bien-aimés, nous n'aurons plus à nous jeter désespérés et suffocants sur le lit funèbre de ceux qui s'en vont. Alors tout ce qui aura été pur ici-bas, tout ce qui aura aimé Jésus sera jeune, immortel, radieux, couronné de gloire. Il n'y aura plus ni deuil, ni cri, ni travail, ce sera l'heure joyeuse du revoir. Heureux ceux qui dès ici-bas songent et se préparent à ce jour. « Heureux, dit Jésus, ceux que le Maître trouvera veillants quand il arrivera. »

Discours de M. G. FALLOT, Inspecteur ecclésiastique.

Mes Frères,

Voilà un nouveau deuil qui vient frapper nos églises et surtout celle de Montbéliard; voilà un vieux serviteur de l'Evangile qui va se reposer, dans une meilleure patrie, des fatigues qu'il a éprouvées dans sa longue carrière.

Pendant 47 ans, soit avec le vénérable inspecteur Duvernoy, qui l'a guidé au début de sa carrière pastorale, soit avec le regretté M. Tuetey, soit avec le digne pasteur Perdrizet, M. Jeanmaire a travaillé dans la mesure de ses forces et de ses moyens à l'édification des fidèles de Saint-Martin, à la consolation des malades et des affligés, au soulagement des pauvres et des déshérités des biens du monde. Et il ne s'est pas ménagé dans l'accomplissement d'une tâche si belle et si importante. Jusqu'au moment où les forces ont trahi son courage, il a rempli avec persévérance et dévouement la mission si grande que son maître lui avait imposée. Aussi, sa fin a été douce et il s'est endormi du dernier sommeil sur cette terre, pour ne se réveiller que dans ce monde meilleur où la justice habite, où il n'y aura plus ni deuil, ni cri, ni travail, et où la mort ne sera plus. Il n'a pas été surpris par la mort, il l'attendait d'un instant à l'autre. Il a pu dire: Viens, Seigneur, oui, viens bientôt.

M. Jeanmaire n'a pas seulement été pasteur de Saint-Martin, président du Consistoire de Montbéliard, il a pris une part active à toutes les œuvres importantes qui ont été créées dans notre pays. Il a été le premier directeur de l'Ecole-Modèle, fondée par l'initiative de l'inspecteur Duvernoy, et qui est devenue l'école normale actuelle. Les anciens élèves de M. Jeanmaire peuvent dire avec quelle sollicitude il a accompli la tâche si importante qui lui était confiée. Jusqu'alors nos instituteurs sortaient de nos écoles où ils ne recevaient et ne pouvaient recevoir qu'une préparation imparfaite. Il n'en a plus été ainsi lorsqu'une fois l'école modèle leur a été ouverte et qu'ils ont pu recevoir, avec une instruction beaucoup plus forte, des directions pédagogiques qui leur ont permis de diriger, d'une manière plus normale, l'instruction et l'éducation des enfants qui leur sont confiés. Aussi, qui dira les progrès réalisés par l'instruction primaire et accomplis depuis le moment où l'instruction était toute individuelle, où le maître enseignait, en particulier, à chaque élève les connaissances si restreintes qu'il possédait lui-même. Lire, écrire, calculer, voilà en quoi consistait l'instruction donnée aux enfants pendant les mois d'hiver. Nos élèves actuels, grâce à des maîtres bien préparés, reçoivent une instruction aussi complète que possible, relativement à leur âge et à leur position sociale, en sorte que ceux qui veulent réellement travailler et employer les talents que la Providence a mis à leur disposition, peuvent arriver à des positions extrêmement importantes pour eux et pour la société. Seulement souvenons-nous que l'instruction est un instrument qui n'est utile qu'à ceux qui savent s'en servir, et qui peut amener les plus tristes résultats pour ceux qui ne savent pas en user d'une manière convenable.

Mais l'activité de M. Jeanmaire, en dehors de sa carrière pastorale, ne s'est pas bornée à l'organisation et à la direction de l'école modèle, il a eu encore une grande part à la fondation de l'école normale de filles. Lorsqu'après la guerre désastreuse de 1870, nous eûmes perdu l'Alsace et avec elle l'école normale qui formait nos institutrices, il fallait songer à la remplacer en fondant à Montbéliard une maison dans laquelle on formerait des institutrices capables de bien diriger nos écoles de filles, et de donner à nos futures mères de famille, non-seulement l'instruction, mais l'éducation indispensable dans la position qu'elles doivent occuper un jour dans la famille et dans la société. Lors donc de la fondation de notre école normale de filles, M. Jeanmaire fut un des premiers à se mettre à l'œuvre et à travailler à la réalisation d'un projet qui devait avoir de si heureux résultats pour notre pays. Il s'occupait, avec amour, de cette école qui lui doit tant et où sa mort laisse un vide bien difficile à combler. Qui vous dira tout l'intérêt qu'il portait à cette importante institution : la joie qu'il éprouvait lorsque des succès venaient couronner les efforts persévérants de nos élèves, et le chagrin qu'il ressentait lorsque quelque déboire venait jeter quelque ombre sur la sérénité habituelle de l'établissement. La vie de l'établissement était la sienne : il en partageait également les joies et les tristesses.

Et tout cela, mes frères, M. Jeanmaire l'a fait sans négliger ses fonctions pastorales. Pendant les 47 ans de son ministère, il a déployé une activité soutenue, de sorte que s'il a trouvé moyen de se rendre utile, dans une foule de directions différentes, ce n'a jamais été au détriment des fonctions que son ministère lui imposait. Mais quand un homme est animé de sentiments nobles et élevés, quand il est soutenu par une foi ferme et vivante, il trouve moyen de faire des choses qui semblent impossibles à d'autres et qui sont au-dessus des forces de tant d'hommes sans énergie et sans dévouement.

Ah! oui, mes frères, si la vocation du pasteur est belle, si elle est grande, si elle est la plus belle dont un enfant de la poussière puisse être revêtu, c'est à condition que celui qui l'exerce soit animé du dévouement le plus absolu et qu'il se souvienne que si le maître était venu, non pour être servi, mais pour servir, le pasteur à son exemple doit faire abnégation de sa personne dans l'intérêt des âmes qui lui sont confiées. Il doit faire valoir les talents qui lui ont été confiés afin de pouvoir dire un jour, comme le serviteur fidèle : tu m'avais confié cinq talents, je leur en ai fait rapporter cinq autres. Le maître dira à ce serviteur-là : *tu as été fidèle en peu de chose, je t'établirai sur beaucoup, entre dans la joie de ton Seigneur..*

M. Jeanmaire a dignement rempli sa tâche, et il est allé, nous en avons la ferme assurance, occuper une de ces places que le Sauveur a préparées à ceux qui lui seront fidèles jusqu'à la mort. Puissions-nous tous marcher fidèlement sur les traces de notre Sauveur, et nous serons admis un jour dans les parvis éternels.

Puisse le successeur de M. le pasteur Jeanmaire être animé d'une foi vivante et ferme; puisse-t-il se dépenser au service de son maître, et être, pour beaucoup d'âmes, un instrument de sanctification et de salut.

Discours de M. Cl. DUVERNOY, Président de la Commission synodale.

MESSIEURS,

Une existence bien utile et féconde vient de s'éteindre, et la place qu'occupait ce cercueil près de disparaître, reste largement ouverte au milieu de nous. Ce que vous venez d'entendre de cette carrière si laborieusement remplie, tout entière consacrée à l'accomplissement du devoir, mêlée à tant d'œuvres bienfaisantes, et je pourrais dire à tout ce qui s'est fait de bon dans notre ville, dans notre pays, depuis quarante ans, nous est un témoignage suffisant pour que je n'aie point à insister ; et, si je prends un instant la parole, dans cette circonstance à la fois solennelle et douloureuse, c'est uniquement pour joindre une voix de plus à celles qui s'élèvent de tous les côtés, et pour exprimer tout particulièrement la part que le Conseil presbytéral de la paroisse de Saint-Martin prend à la perte de son pasteur et de son regretté président.

Et comment pourrions-nous rester silencieux en présence de cette tombe ? Comment les ressouvenirs de tant d'années passées côte à côte, ne viendraient-ils pas se presser dans nos esprits? et au milieu de tant de travaux accomplis en commun, à la pensée du constant dévouement, des lumières que M. Jeanmaire apportait en toutes choses, comment pourrions-nous ne pas être des premiers à ressentir le vide qu'il laisse après lui ? Et vous savez tous, Messieurs, aussi bien que moi, si jamais on a pu faire appel à son concours, à son activité, à son bon vouloir, sans qu'il y ait immédiatement répondu. Nul plus que lui n'était toujours prêt à payer de sa personne, et ce n'était pas seulement sentiment de ses devoirs de pasteur, mais spontanéité et élan du cœur. Le danger même semblait l'appeler ; et assurément nous n'avons pas oublié ces moments douloureux où son dévouement et sa vaillante initiative sauvait peut-être notre ville d'un désastre complet.

Esprit éclairé, excellemment pratique, il s'intéressait à tout et apportait partout où il lui était donné d'intervenir, une intelligence ouverte, des idées neuves et une initiative féconde. Son goût pour l'enseignement avait survécu à sa jeunesse, et jusqu'à sa fin nous l'avons vu s'intéressant à nos écoles, particulièrement à notre cours normal d'institutrices dont il était devenu l'âme et en quelque sorte la cheville ouvrière. Qu'ajouterai-je ? et qui de nous n'a reçu comme une secousse et une émotion poignante, lorsque s'est répandue cette fatale nouvelle : M. Jeanmaire vient de mourir ; car encore que l'état de sa santé l'ait contraint dans ces dernières années, à se tenir moins actif, moins mêlé aux affaires que par le passé, sa place n'en restait pas moins sérieusement occupée, et nous savons combien sa voix y avait encore d'autorité.

C'est sa famille, c'est nous, les compagnons de ses

travaux qui sentirons combien il nous manque. Son œuvre était peut-être accomplie pour lui, mais non pas pour nous ; et, si l'expression des regrets de tous, les témoignages de sympathie et de vénération qui l'accompagnent à sa dernière demeure, lui sont dans ce monde un hommage mérité, croyons qu'ils le suivront dans la vie nouvelle où il vient d'entrer, et lui seront de fidèles intercesseurs aux pieds du père qu'il a servi et qu'il a aimé.

Adieu cher et vénéré pasteur.

Discours de M. PAIRA, Président du Consistoire.

————

Mes Frères,

Le Consistoire de Montbéliard tient à rendre hommage au souvenir de son ancien président, au doyen de ses pasteurs.

Il y a trois ans, M. Jeanmaire avait demandé à être relevé de ses fonctions, qu'une indisposition déjà grave lui rendait plus difficiles. Il ne les a reprises, — avec une émotion profonde, — que sur les instances de ses collègues.

L'état de sa santé ne lui a plus permis, lors du dernier renouvellement, d'accepter aucune candidature : mais le Consistoire, à l'unanimité, l'a nommé président honoraire.

Notre vénérable collègue a été vivement touché de ce témoignage de respect et de reconnaissance. En l'acceptant, il lui est échappé de dire qu'il n'en jouirait pas longtemps...

Nous espérions néanmoins qu'une plus longue trève précéderait l'accomplissement d'un pressentiment aussi sombre. M. Jeanmaire apportait encore tant d'ardeur et de zèle aux diverses occupations qui lui restaient ! Il goûtait avec tant de joie et d'entrain le bonheur que lui procurait la présence de ses petits-enfants !

Il nous semblait que cette joie douce et sereine, rayonnant au foyer naguère si douloureusement attristé, devait prolonger ses jours davantage.

Le Seigneur en a jugé autrement. Il a rappelé à lui notre regretté frère, à l'heure inattendue. Nous nous inclinons devant sa volonté sainte.

Un grand et sensible vide s'est fait parmi nous. L'expérience d'une carrière longue et abondamment remplie a fourni à M. Jeanmaire le moyen de se rendre utile dans l'administration de plusieurs de nos institutions les plus importantes.

L'instruction publique lui est redevable du concours le plus éclairé et le plus fécond. Si le cours normal de nos jeunes filles a obtenu un succès et un développement si considérables, c'est, en partie, parce que M. Jeanmaire a voué à cette œuvre toute sa prédilection.

La Commission de la maison d'arrêt et nos comités de patronage ont largement profité de ses conseils intelligents et pratiques.

Il a pris une part des plus actives à la réorganisation de nos églises.

Dans l'administration consistoriale, il s'est efforcé de marcher selon les conditions essentielles de l'ordre et de la loi, comme étant la meilleure sauvegarde des libertés nécessaires à la vie religieuse.

L'application des réglements nouveaux rencontre souvent des difficultés. L'énergie de M. Jeanmaire a pu quelquefois se heurter contre les écueils imprévus ; mais il a toujours voulu associer la sympathie fraternelle à la règle et au droit.

L'Ecole du Dimanche a été longtemps l'objet de ses plus chères et de ses plus constantes sollicitudes.

Ses forces l'ont trahi, mais sa bonne volonté est restée inébranlable et fidèle.

Que nos pieux souvenirs l'accompagnent et que la paix de Dieu demeure avec son âme.

MONTBÉLIARD. — IMPR. ET LITH. VICTOR BARBIER.

9 782329 556079